AU ROI,
Aux Ministres, aux Députés,

ENFIN

A TOUS LES FRANÇAIS.

Si le Roi le savait!

PARIS,
IMPRIMERIE DE DECOURCHANT,
RUE D'ERFURTH, N° 1, PRÈS L'ABBAYE.

1833.

N'ayant point obtenu de M. l'ambassadeur du roi des Français en Suisse, ni de M. le Ministre des affaires étrangères, la haute protection que nous étions en droit d'en attendre, nous avons dû nous adresser au Roi lui-même et à Messieurs les Députés de la France. Mais cette pétition arrivait un peu trop tard pour la session; il a fallu alors nous servir de la presse pour faire avancer notre affaire.

Messieurs les Députés,

M'étant en vain adressé à M. le Ministre des affaires étrangères, je viens vous prier d'accorder votre protection à des Français qui, maltraités, persécutés, n'ont plus de recours qu'en vous. Je vais vous faire connaître les faits dont il s'agit. Ils sont consignés dans les sommaires qui précèdent chaque article, et qui forment une copie exacte du Mémoire adressé à M. le Ministre.

I.

Le nommé Philippe Jaeger, alsacien, domicilié et propriétaire à la Chaux-de-Fonds, canton de Neuchâtel en Suisse, a été expulsé de ce canton, par un arrêt du Conseil d'État en date du 16 octobre 1832.

Voici la copie de cet arrêt :

« Vu une information prise à la Chaux-de-Fonds, les 25 sep- » tembre et 2 octobre, constatant que le nommé Jean Geiser de » Langenthal, ouvrier cordonnier, ayant été saisi par une pa- » trouille de la garde urbaine, comme il venait de proférer le cri » de *Rauts-chi-chi*, et ayant été conduit à la maison de son maî- » tre, le nommé *Philippe Jaeger*, celui-ci s'est permis de braver » les soldats de la garde, et de proférer contre eux des in- » sultes et des mauvais propos ; —Vu un rapport de M. Challandes, » maire de la Chaux-de-Fonds ; entendu celui du département de » justice et police, et délibéré, —Le Conseil ordonne que les nom- » més Jaeger et Geiser, étrangers tous deux, soient expulsés de » l'État.

» Donné au Conseil tenu sous notre présidence, au château de » Neuchâtel, le 16 octobre 1832.

» Le Président :

» *Signé* Louis de Pourtalès. »

II.

Le traité du 30 mai 1827 porte, art. 3, que les Français jouiront, dans un canton suisse, des mêmes droits que les nationaux, si les Suisses de ce canton jouissent en France de la réciprocité.

Messieurs, ce traité, sur lequel nous nous appuyons, est cependant loin de suffire à nos intérêts. Lorsque M. de Rayneval l'a signé pour la France, il ne connaissait pas assez la Suisse.

Ce pays n'est pas celui de la liberté, comme on le croit généralement. Les vingt-deux cantons confédérés sont vingt deux états très-différens, ne se ressemblant pas plus dans leur gouvernement et leur législation, que les royaumes de Maroc et de France. Il existe encore en Suisse des cantons, et celui de Neuchâtel est du nombre, où la population se divise en hauts et puissans seigneurs, en bourgeois (même de plusieurs classes), en vilains, etc. Ainsi, là on paie la dîme au seigneur, plus loin on ne paie rien; ailleurs on lui doit la corvée, la poule; il est même des familles tributaires du gibet, elles doivent fournir la corde, le bois, etc.

Un bourgeois ne peut être arrêté sans quelques formes, le non-bourgeois est toujours de bonne prise.

Maintenant, un Français qui habite ces lieux sera-t-il traité comme les nationaux ? Mais comme lesquels ? car il en est qu'on traite encore comme des serfs? Il fallait donc s'entendre.

Ainsi, je dis que le traité de 1827 est défectueux, qu'il doit être révisé : 1° parce qu'il a été fait sans une connaissance approfondie des choses en Suisse ; 2° parce que, depuis que les soldats suisses ont été renvoyés de France, et depuis les révolutions arrivées dans divers cantons, la situation n'est plus la même.

Quoi de plus simple que de dire :

Tous les Français, sans distinction de fortune, de religion, munis de bons papiers, pourront circuler et se fixer en Suisse ? Ils y seront traités, relativement à leurs personnes et leurs propriétés, comme les nationaux les plus privilégiés ?

J'appelle donc, Messieurs les Députés, toute votre attention sur ce point. *Encore une fois, le traité de 1827 est mauvais.*

III.

Il existe à Paris, à Besançon, au Havre, etc. des milliers de Neuchâtellois qui y jouissent de toutes les libertés accordées par nos lois. Les Français sont donc fondés à exiger les mêmes priviléges. Pour expulser un Neuchâtellois de sa patrie, il faut un jugement; donc, pour expulser Philippe Jaeger, il faut un jugement. Un arrêt du Conseil d'Etat n'est pas un jugement, c'est un ordre arbitraire, une lettre de cachet, etc., etc.

On compte en France 12,000 Neuchâtellois. dont plusieurs même sont employés dans nos administrations, et on compte dans le pays de Neuchâtel, au plus, 100 Français.

Dans le pays de Neuchâtel, il n'y a ni lois ni coutumes écrites; on conçoit ce que cet état de choses a de facile pour l'arbitraire. D'ailleurs, un bourgeois de Neuchâtel jouit de droits dont ne jouit pas un bourgeois de Valangin, et celui-ci en a dont sont privés les simples sujets de l'État. Dans des temps ordinaires, l'expulsion d'un sujet de l'État ne pourrait être que le résultat d'un jugement criminel. Il est vrai que depuis la révolution de septembre 1831, on a expulsé plusieurs Neuchâtellois par ordre du gouvernement ; c'est-à-dire que ce pays est en guerre civile, c'est un parti qui opprime l'autre; mais pour les Français, cela ne les regarde point; ils réclament l'exécution des traités, on ne peut la leur refuser.

IV.

Quels faits pèsent sur Philippe Jaeger? Les voici : Un de ses ouvriers crie, sur la place, Rauts-chi-chi, *ce qui veut dire :* En avant. *Ce cri, ici, est regardé comme séditieux. Une patrouille l'arrête, le maltraite, et le ramène chez son maître ; celui-ci témoigne au chef de la patrouille tout son mécontentement de ce qu'on ait ainsi brutalisé un homme qui ne sait pas un mot de français, et assure ne point avoir crié. Les hommes composant la patrouille s'emportent, des propos insolens et grossiers sont tenus de part et d'autre, mais rien de plus. Une plainte est formée contre Jaeger; M. le maire la transmet au Conseil d'Etat, qui ordonne l'expulsion.*

On a vu (n° 1) que l'ouvrier de Philippe Jaeger était expulsé pour avoir crié, sur la place, *Rauts-chi-chi.* Comparez, Messieurs, le délit et la peine, et jugez! Mais cet ouvrier n'est point français, il ne nous regarde donc point.

Philippe Jaeger, qui est dans sa maison, voit arriver chez lui des soldats qui maltraitent son ouvrier : il se plaint; on lui répond grossièrement, en l'invectivant, en lui disant que *tous les Français sont des canailles, des gredins;* il s'emporte, et répond sottise pour sottise : *voilà sa faute.* Mais on l'a provoqué; tous les Français le sont à chaque heure, à chaque instant depuis quinze mois ; enfin c'est la garde qui porte plainte, et Jaeger est expulsé.

Ne croyez point, Messieurs, que j'exagère en disant que dans ce pays, à tout moment, les Français sont invectivés. Il est au vu et au su de tout le monde, que les Français et les Suisses sont en horreur aux Neuchâtellois (j'entends les Neuchâtellois partisans de la Prusse); ce qui n'a rien d'étonnant, d'après l'opinion de ces derniers. Il est dit dans l'arrêt (voir n° 1), que Jaeger a insulté la garde urbaine; mais d'abord il n'a insulté qu'après provocation, et la provocation se conçoit dans des hommes comme la plupart de ceux qui composent cette garde. Ce n'est point une garde urbaine, car j'entends par ce nom une garde composée de tous les citoyens appelés pour maintenir l'ordre. Dans le pays de Neuchâtel, il n'en est pas ainsi; presque toute la Chaux-de-Fonds a été désarmée lorsqu'elle fut prise en décembre 1831, et elle est gardée aujourd'hui par les paysans des environs, tous dévoués au roi de Prusse. Je ne fais point ces remarques par opinion, car que nous importe que ce pays soit suisse ou prussien; mais seulement je veux faire voir que la guerre civile est flagrante dans ce pays, et qu'il n'est pas étonnant que les Français y soient provoqués fort souvent.

V.

Si Jaeger eût été Neuchâtellois, que serait-il arrivé? Mis en jugement, il eût été condamné à trois jours de prison, car c'était une simple affaire de police; encore la partie publique eût-elle été forcée de prouver qu'il avait provoqué, et cela n'est point.

M. le maire de la Chaux-de-Fonds nous a déclaré lui-même que, dans son rapport au gouvernement sur cette affaire, il avait conclu à trois jours de prison, peine ordinaire de ces sortes de fautes. Pourquoi donc le gouvernement prononce-t-il autrement? Ou il agit par des motifs secrets, ou M. le maire nous trompe; ce que j'avance ici, il l'a dit devant des témoins.

VI.

Depuis cet arrêt, Philippe Jaeger n'a cessé de demander des juges, qu'on lui fasse connaître l'accusation et les accusateurs. On n'a rien répondu. Est-ce ainsi qu'on en agit en France?

Jaeger demandait à connaître les termes du rapport fait par les hommes de la patrouille, on lui a refusé. Il s'est alors adressé à M. l'ambassadeur, et celui-ci lui a répondu :

« Berne, le 11 novembre 1832.

» Il y a long-temps que votre conduite attirait l'attention du » gouvernement. Le 23 septembre, vous vous êtes rendu coupable » d'une résistance ouverte et violente à l'autorité; si vous eussiez » été Neuchâtellois, on vous aurait poursuivi criminellement et

» condamné à un banissement. La peine que vous avez subie est
» moins rigoureuse. Si vous n'avez pas été interrogé, c'est que la
» forme suivie en pareille circonstance ne le permet pas; vous ne
» pouviez l'être que si un procès criminel vons eût été intenté.
» Toutefois, le délit qui a motivé votre expulsion, a été constaté
» juridiquement. »

Résistance ouverte et violente : cela est faux. Jaeger était dans sa
maison, on ne venait point l'arrêter, on lui ramenait un de ses
ouvriers : donc il n'a résisté à rien. Il a insulté, c'est vrai, mais on
l'a provoqué. D'ailleurs, pourquoi ne le point mettre en jugement? Il le demande; il ne veut point de vos faveurs; il veut être
jugé; voyons comment on s'y prendra pour intenter un *procès
criminel* sur ces faits. Il vous demande justice. Allons, Messieurs de
Neuchâtel, ne refusez donc pas; et vous, Monsieur l'ambassadeur,
exigez donc l'exécution des traités. On vous trompe, ne le voyez-
vous point?

VII.

*Veut-on connaître la vraie cause de cette conduite, nous la dirons :
Jaeger est Français, et à cause de cela regardé comme fauteur de
troubles et révolutions. Le pays de Neuchâtel fut révolutionné en septembre 1831 par une portion des sujets de cet Etat qui voulait se
soustraire au joug de la Prusse (car c'est un canton suisse qui a
pour prince souverain le roi de Prusse). En décembre il y eut une
contre-révolution, et depuis lors les partisans prussiens ont écrasé les
partisans suisses. Regardant les Français comme des ennemis de la
Prusse, les autorités neuchâtelloises actuelles sont ennemies des
Français : elles ont tort, grand tort; les Français sont français,
ils ne sont ni prussiens, ni suisses.*

Après notre révolution de juillet 1830, la guerre paraissait
imminente, dès-lors les Neuchâtellois, partisans de la liberté, se
remuèrent et cherchèrent à émanciper leur patrie de la Prusse.
Le moment leur paraissait favorable; ils obtinrent d'abord du
roi de Prusse d'assez grandes concessions; mais, trop impatiens,
ils voulurent briser tout d'un coup, et par la force, ce qui l'eût
été par le temps. En septembre 1831, la révolution éclata; mais en
décembre il y eut une contre-révolution, et force resta aux partisans de la Prusse. Ceux-ci, regardant les idées françaises comme
la cause de la révolution faite chez eux, sachant bien d'ailleurs
qu'il n'existe pas de grandes sympathies entre la France et la
Prusse, ont, depuis ce moment, fait tous leurs efforts pour se
venger des Français : cela est aisé à comprendre; mais nous

avions droit d'attendre protection de la France, et elle nous manque entièrement.

Ce n'est pas d'ailleurs de cette époque seulement que date la haine des Neuchâtellois : nous pouvons prouver que depuis 1784 il s'est formé dans ce pays deux partis, l'un tenant pour la liberté, l'autre pour les priviléges de l'aristocratie. Ils ont depuis été constamment en présence, et ils y sont encore.

En 96, un Français, le sieur Nusbaum, fut arrêté illégalement dans le pays de Neuchâtel. A cette nouvelle, le citoyen Guirot, alors procureur syndic dans le département du Doubs, rendit une ordonnance où, après les considérans, il disait :

« Si, dans les vingt-quatre heures après la réception présumée
» du présent arrêté, la personne du citoyen Nusbaum n'est pas
» mise en liberté, le commissaire du gouvernement fera saisir
» tous les Neuchâlois qui se trouvent dans toute l'étendue du
» département du Doubs, et leurs biens mis sous le séques-
» tre, etc., etc. »

Celui-là comprenait la dignité de la France !

Force fut donc de relâcher Nusbaum, et de lui payer des indemnités......

Tant que Napoléon fut au pouvoir, les Neuchâtelois, moitié force, moitié gré, se soumirent à sa puissance ; on en vit même un grand nombre fréquenter sa cour et se disputer ses faveurs. Enfin, cédés à la France par le roi de Prusse, Napoléon les donna au prince de Wagram. Alexandre Berthier devint donc prince de Neuchâtel, et fit beaucoup de bien à ce pays. Aussitôt nos revers de 1814, les Neuchâtellois reprirent leur vieille haine. Ils furent des premiers à venir ravager nos contrées ; les Français qui habitaient alors cet Etat, furent chassés, emprisonnés, pendus : nous les nommerons, si on ose nous démentir.

Enfin, depuis la révolution de 1831, les Français sont encore une fois victimes de la haine qu'on porte à la nation ; il y en a eu d'emprisonnés, de tués : cet ordre de choses ne peut durer, et nous vous supplions, Messieurs les Députés, de le faire cesser ; car c'est sur vous seuls que nous comptons.

VIII.

M. l'ambassadeur a été instruit de tout ; mais s'en rapportant aux déclarations du gouvernement de Neuchâtel, qui a soutenu que Jaeger était coupable, il n'a pas cru devoir protéger davantage un sujet français. Cela est inconcevable ; car si M. le comte Pourtalès affirmait, dans des lettres confidentielles à M. de Rumigny, que Jaeger était coupable, d'un autre côté, tous les Français, sans exception, affirmaient le contraire. Les certificats les plus honorables étaient remis à Jaeger par les personnes les plus famées de la Chaux-de-Fonds ; alors M. l'ambassadeur ne pouvait plus se contenter des allégations de M. le président du Conseil d'Etat, il devait exiger des preuves pour détruire celles que Jaeger lui donnait de sa bonne conduite depuis qu'il habite le pays de Neuchâtel ; il devait exiger un jugement : tous les Français le demandaient. Enfin, que voulait-on ? L'exécution du traité de 1827.

Déjà on a vu (sous le n° 6) la première réponse de M. l'ambassadeur ; alors les Français se réunirent et rédigèrent en commun une demande par laquelle ils priaient M. l'ambassadeur de s'occuper de cette affaire, qu'ils regardaient comme importante.

Le 2 décembre, dans sa réponse, il disait :

« Je me suis décidé, d'après l'instance de vos sollicitations, à » faire une nouvelle démarche auprès des autorités de Neuchâ-» tel ; mais leur réponse n'a pas été plus favorable que la pre-» mière : elles persistent..... »

Mais enfin, on avait fourni à M. l'ambassadeur un certificat signé de tous les Français, attestant que Jaeger n'était pas coupable ; on avait produit un certificat de M. Sandos, ex-maire de la Chaux-de-Fonds, *homme dont la probité est reconnue de tous*, et qui fut maire jusqu'en novembre 1831 ; il déclarait que durant sept ans qu'il fut à la tête de la commune de la Chaux-de Fonds, il ne lui était jamais parvenu aucune plainte contre le sieur Jaeger. Pourquoi donc toujours ajouter foi aux déclarations de M. de Pourtalès, et ne point mettre dans la balance celles de personnes tout aussi croyables que lui ?

M. l'ambassadeur nous a déclaré que M. de Pourtalès était son ami, et qu'il avait toute confiance dans ses sentimens. Et nous aussi nous croyons M. de Pourtalès un honnête homme ; dans des actes privés, nous lui accorderions une entière confiance ; mais autre chose sont les actes publics : M. de Pourtalès est président du Conseil d'Etat, il doit soutenir les actes de ce conseil, quelque iniques qu'ils soient. Au surplus, il ne s'agit point ici de sentimens, il s'agit de justice ; nous sommes sur le terrain de la légalité, nous y resterons.

Messieurs les Députés, voici la copie d'un certificat donné à Jaeger, et que je vous soumettrai, si vous le demandez :

« Nous soussignés, *certifions et attestons sur l'honneur,* que le » sieur Philippe Jaeger, français d'origine et domicilié à la Chaux-

» de-Fonds depuis sept ans, où il est propriétaire, n'a jamais
» cessé de mériter l'estime et la confiance de tous les gens de
» bien; que sa conduite publique et privée est intacte de toute
» atteinte; que jamais aucune plainte n'a été portée contre lui
» aux autorités, si ce n'est dans ces derniers temps où, comme
» français, il s'est trouvé dans une position d'exception. Cepen-
» dant, lors de notre révolution et contre-révolution, il n'a pris
» ni les armes, ni parti; il est resté absolument étranger à tout ce
» qui s'est fait.

» *Sa femme* est une personne bien famée, pour ses mœurs et sa
» conduite; jamais on n'a ouï dire qu'elle ait tenu un seul pro-
» pos relatif à la politique. Ça étant, nous nous faisons un plaisir
» et un devoir de le déclarer, en approuvant le contenu de cette
» attestation par nos signatures.

(Suivent les signatures.)

. . . .

Chaux-de-Fonds, ce 15 janvier 1833.

Remarquez bien, Messieurs les Députés, ce certificat: il est
spécial. Maintenant, par qui est-il signé? Par l'ancien maire de la
Chaux-de-Fonds, par des conseillers de commune, des députés
au Corps-Législatif, des docteurs en médecine, et des proprié-
taires des plus considérés par leur réputation et leur fortune.
Maintenant, que nous oppose-t-on? M. de Pourtalès, toujours
M. de Pourtalès. Balancez, Messieurs, et jugez-nous.

IX.

*Le 8 décembre 1832, des gendarmes saisissent Jaeger chez lui; il
proteste, et se laisse ensuite conduire à la frontière.*

Le gouvernement de Neuchâtel, voyant que M. l'ambassadeur
abandonnait les Français, résolut de pousser à bout son entre-
prise. Des gendarmes vinrent signifier à Jaeger qu'il devait les
suivre. Il rédigea et signa une protestation qu'il remit à M. le
maire, puis il suivit les gendarmes.

M. le maire s'est plaint qu'on lui avait *écrit des insolences.* Cependant la protestation de Jaeger est écrite avec modération,
mais avec la force d'un homme qui se sent blessé dans tout ce
qu'il a de plus cher, *sa liberté individuelle.*

Nous sommes prêts à donner copie de cette protestation. On
verra qu'il y parle en homme sage, prudent, et surtout innocent.
Les oreilles des autorités neuchâtelloises ne sont pas accoutu-

mées aux accens de la liberté; elles prennent pour de l'insolence ce qui n'est que de la conscience.

Voici, au surplus, ce que cette protestation contient de plus fort : qu'on juge.

« Je proteste de toutes mes forces contre cette violation des » droits que les Français ont d'habiter ce pays en toute liberté. » J'ai demandé de connaître les faits à ma charge qui ont motivé » cet arrêt, de connaître les dépositions et les déposans; jusque » là je déclare qu'il y a déni de justice, et j'en appellerai devant » qui de droit. »

Est-ce là, Messieurs les Députés, de l'insolence? Cependant, on s'en est fait une arme près de M. l'ambassadeur.

X.

Alors il autorisa sa femme, par un acte notarié, à gérer ses biens pendant son absence. Elle n'était point comprise dans l'arrêt du Conseil d'État concernant son mari, elle ne pouvait l'être. Pour se conformer aux réglemens de police, elle demande l'habitation ou permis de séjour, en donnant copie de la procuration que lui a laissée son mari à M. le maire et à M. le secrétaire de la commune.

Forcé de céder à la force, Jaeger quitte ce pays; mais il fait passer à sa femme une procuration par laquelle il l'autorise à gérer ses intérêts. Cette femme était innocente; *son mari fût-il coupable, qu'elle n'en devait point souffrir :* l'arrêt du Conseil d'État (voir n° 1) ne parlait point d'elle. Ainsi, tout semblait devoir lui assurer le libre exercice de ses droits. Toutes les formalités étaient remplies, elle n'avait donc plus qu'à rester tranquille.

Cependant M. le maire, Challande, fit savoir qu'elle devait partir et suivre son mari. On lui objecta que rien ne pesait sur elle, qu'elle était innocente; il n'écouta rien, et, pressé de questions auxquelles il ne savait que répondre, il crut se tirer d'affaire en disant que cette femme étant sans papiers, il ne pouvait la tolérer davantage dans la commune.

Quelles misérables raisons! Une femme qui habite cette commune depuis sept ans, qui y est propriétaire, ne peut y être tolérée encore quelques jours! A quoi ne s'abaisse pas un homme qui veut défendre l'arbitraire! Vous n'êtes pas heureux, Monsieur le maire, mieux eût valu dire : Elle partira, parce que tel est notre bon plaisir..... Vous ne seriez que méchant, mais point ridicule.

XI.

Le 21 décembre, le conseil de commune de la Chaux-de-Fonds refuse le permis de séjour, sans alléguer un seul motif.

Voici la copie de ce refus :

« *Commune de la Chaux-de-Fonds.*

» Le conseil de commune de la Chaux-de-Fonds fait signifier » à la femme de Philippe Jaeger qu'il ne peut prendre en objet » sa demande d'habitation.

» Par ordre : le secrétaire de la commune :

« *Signé* Oscar JACOT.

» Chaux-de-Fonds, le 21 décembre 1832. »

XII.

Ainsi rien n'arrête ces Messieurs, et pour eux les traités sont nuls et non avenus.

Messieurs les Députés, vous voyez que dans cette affaire on ne garde plus aucun ménagement. Le traité de 1827, tout défavorable qu'il est, n'est point suivi.

XIII.

Le 29 décembre des gendarmes enlèvent la dame Jaeger de chez elle et la conduisent à la frontière. M. le maire de Morteau, première ville frontière, étonné de ce que lui apprend la dame Jaeger, écrit confiden- tiellement à M. le maire de la Chaux-de-Fonds, pour l'engager à sus- pendre l'exécution des ordres de son gouvernement jusqu'à ce que l'au- torité supérieure en France soit prévenue et ait ordonné. M. le maire de la Chaux-de-Fonds semble se rendre à ses raisons, il déclare que la dame Jaeger peut rester chez elle jusqu'à nouvel ordre ; mais deux jours après elle est enlevée de nouveau par deux gendarmes qui, cette fois, ne lui laissèrent pas une minute pour remettre sa maison et ses enfans en mains sûres. Enlevée brutalement, elle fut conduite sur les bords du Doubs, dans un lieu entouré de rochers et de précipices, et éloigné de toute habitation. On évitait ainsi de se mettre en contact avec les autorités françaises.

Non-seulement on refuse le permis de séjour à une femme française qui, les traités à la main, le réclamait, une femme con- tre laquelle on n'a jamais pu alléguer une seule plainte ; mais on l'enlève de chez elle, des gendarmes s'en saisissent et la condui- sent à la frontière.

A la nouvelle de cette infamie, les Français se rendent chez

M. le maire et lui représentent que tous les droits sont violés en la personne de la dame Jaeger. M. le maire paraît aussi très-peiné, dit qu'il n'est que l'exécuteur des ordres de son gouvernement, qu'il en gémit, mais qu'enfin il n'est que *l'homme machine et doit obéir.*

La dame Jaeger, arrivée à la frontière, se présente chez M. le maire de Morteau; il peut à peine croire ce qu'il entend. Enfin il veut essayer les voies amicales; il écrit à M. le maire de la Chaux-de-Fonds, et l'engage à obtenir la suspension des ordres de son gouvernement jusqu'à ce qu'on ait réponse du ministre en France, auquel, dès ce moment, on avait écrit. Le brigadier de la gendarmerie se rend à la Chaux-de-Fonds pour porter cette lettre et accompagner la dame Jeager. M. le maire de la Chaux-de-Fonds dit qu'il est bien malheureux dans cette affaire; il approuve les raisons de M. le maire de Morteau, et déclare que *cette affaire lui est si pénible qu'il va dès le soir même signer sa démission* en envoyant les pièces à Neuchâtel.

Il autorise provisoirement la dame Jaeger à rester chez elle jusqu'à ce que le gouvernement de Neuchâtel ait donné de nouveaux ordres, et dit que, dans tous les cas, ce n'est pas lui qui les exécutera, vu que ces affaires lui font trop de peine.

Le brigadier de la gendarmerie se retire emportant ces paroles de paix; mais qui le croirait? deux jours après, sur un ordre *signé Challande,* deux gendarmes jettent la dame Jaeger dans une voiture. On ne lui accorde pas une minute pour faire prévenir un ami de veiller sa maison et ses enfans. On l'entraîne, et où?....

L'ordre est impératif, elle doit être conduite à la maison Monsieur par un froid de 25°, à travers les bois et sur des routes couvertes de trois pieds de neige. Là au moins elle est éloignée de tout village, à plus de cinq lieues de Morteau; et tout cela pour l'empêcher de se rendre encore près du maire qui l'avait accueillie la première fois. Cette barbarie, ajoutée à l'exécution d'ordres infâmes, ne peut être qualifiée : c'est à vous d'en juger, Messieurs les Députés de la France.

XIV.

Madame Jaeger se rend à Berne; M. l'ambassadeur l'accueille avec bonté et promet que cette fois il se plaindra amèrement et obtiendra satisfaction. Quelques jours après il écrit à madame Jaeger qu'il a obtenu la révocation de l'arrêt qui la concerne (il n'y a point d'arrêt contre elle), mais à la condition expresse qu'elle, Anne-Marguerite Jaeger, adressera au Conseil d'État, en son privé nom, une requête de soumission et demande en grâce.

Des Français ayant couru après la dame Jaeger, lui conseillèrent de se rendre de suite à Berne près de M. l'ambassadeur, et l'y accompagnèrent.

M. de Rumigny parut surpris de tant de mauvaise foi dans le gouvernement de Neuchâtel; mais, toujours persistant dans son système de temporisation, il voulut écrire encore une fois à M. de Pourtalès, espérant obtenir beaucoup par cette voie. Cependant il nous dit : « Si je n'obtiens pas satisfaction, je dénonce ces faits au » gouvernement français, qui prendra telle mesure qui con- » viendra. »

Il engagea la dame Jaeger à rester dans le canton de Berne jusqu'à ce qu'il lui eût rendu réponse.

Le 9 janvier M. l'ambassadeur écrit à madame Jaeger une lettre dont voici les parties les plus remarquables :

« La première démarche que j'avais faite en votre faveur n'avait » pu être accueillie, *vu la gravité des charges qui pesaient sur* » *vous...* »

Cette fois, Messieurs les Députés, on ne sait si c'est une ironie! Quelles sont donc ces charges? On s'est évertué à dire et à prouver que la dame Jaeger était innocente, absolument innocente; qu'on ne saurait alléguer une seule plainte contre elle. Veuillez donc nous dire quelles sont ces charges graves qui pèsent sur la dame Jaeger. On vous en impose, M. l'ambassadeur, on vous trompe; on pousse l'impudence jusqu'au dernier point, et vous croyez ou feignez de croire à tout ce qu'on vous dit. Encore une fois, *ou nous sommes des faussaires, des calomniateurs, ou Messieurs de Neuchâtel, sont d'effrontés menteurs.*

La lettre continue ainsi :

« Mais je me fais un plaisir de vous prévenir que M. le comte » Louis Pourtalès, président du Conseil d'État, auquel je me suis » adressé, parce que je sais qu'on ne fait jamais en vain appel à » ses nobles sentimens... »

Ainsi, toujours M. de Pourtalès, rien que M. de Pourtalès. Eh bien! oui, pour la dernière fois, M. de Pourtalès peut être un fort honnête homme; mais la passion a entraîné le gouvernement de Neuchâtel dans de fausses mesures; il faut les justifier : ne voulant pas revenir en arrière, on préfère vous tromper. Vous vous y prêtez merveilleusement, Monsieur; mais exigez donc des preuves, des preuves...

On veut faire un crime à madame Jaeger d'être rentrée chez elle après sa première expulsion; mais elle l'a fait d'après que M. le maire de la Chaux-de-Fonds y avait consenti (voir au n° 13). Elle n'a point bravé : tout ceci est prétexte, rien que prétexte.

Cette lettre continue :

« M. de Pourtalès a bien voulu prêter son ministère pour vous » faire rentrer. On n'a mis d'autres conditions que celle que, je » pense, vous serez empressée d'accepter, savoir : 1° que vous pré- » senterez *en votre nom* une requête de soumission au gouverne- » ment;... enfin, que vous vous comporterez à l'avenir de manière » à ne donner sujet à aucune plainte fondée. »

Ainsi, Messieurs les Députés, vous l'entendez, il *faut faire sou- mission;* c'est une femme victime du plus affreux arbitraire qui doit encore remercier, demander pardon, promettre de se bien conduire à l'avenir, comme si elle avait déjà manqué !

Enfin, on trouve encore dans cette lettre :

« Persuadez-vous bien surtout, vous et vos compatriotes, que » la révocation de l'ordre qui vous éloignait de votre domicile » n'est point une concession faite à la peur de vos menaces... »

Mais on n'a fait aucune menace, on a protesté, et cette protes- tation se trouve au n° 9 ; il n'est question là que de réclamer ses droits, de les réclamer d'abord près de vous, Monsieur, près du gouvernement français : ce ne sont pas là des menaces.

XV.

La dame Jaeger consulta ses compatriotes, et tous furent d'avis de rejeter cette proposition. Sur ce ils décidèrent qu'un d'entre eux se ren- drait à Paris pour faire connaître ces faits au gouvernement français.

On doit bien penser que jamais des Français, forts de leurs actes, forts de leur conscience, ne demanderont grâce. Ils n'ont rien à promettre, puisqu'ils n'ont jamais manqué ni aux autorités ni aux lois du pays qu'ils habitent.

XVI.

Ainsi donc, le gouvernement de Neuchâtel et le conseil de commune de la Chaux-de-Fonds sont coupables, très-coupables ; car il y a déni de justice, puisqu'on a demandé des juges, sans les obtenir; inhuma- nité dans les traitemens exercés sur la dame Jaeger, manque d'égards et mépris envers la France en persécutant ainsi des Français très-pai- sibles et très-inoffensifs. Il y a violation des traités; et c'est nous, Français, qui devrions nous humilier, demander grâce ; et de quoi, s'il vous plaît ? car nous vous sommons encore une fois d'alléguer un seul grief contre la dame Jaeger. On nous doit des indemnités, des réparations, et on voudrait nous faire demander grâce et merci !

Le gouvernement de Neuchâtel est coupable : qui pourrait en douter d'après ses actes? Le conseil de commune l'est aussi, car il a refusé l'habitation à madame Jaeger, et il ne le pouvait légalement.

XVII.

Nous ne nous adresserons point en vain à Votre Excellence, et nous demandons :

Cependant, dès le 8 décembre, les faits relatifs à Philippe Jaeger étaient dénoncés au ministre. Depuis, le 22 janvier, on lui a dénoncé les faits survenus et demandé audience pour l'instruire plus au long; jusqu'à présent il n'a rien répondu : de cette manière au moins il ne se compromet pas.

XVIII.

1° *Que l'arrêt du Conseil d'Etat de Neuchâtel, qui concerne les sieur et dame Jaeger, soit révoqué ;*

2° *Que l'habitation leur soit rendue dans la commune de la Chaux-de-Fonds ;*

3° *Qu'en raison des pertes qu'ils ont éprouvées, des frais qu'ils ont dû faire pour obtenir justice, il leur soit payé par le Conseil d'Etat de Neufchâtel ou la commune de la Chaux-de-Fonds, la somme de 3,000 fr.*

L'arrêt doit être révoqué; nul doute, car il est de toute injustice.

L'habitation doit être donnée à Jaeger et à sa femme; elle ne peut être refusée, ou les traités sont nuls, et les Neuchâtellois ont plus à y perdre que les Français, infiniment plus.

Il est dû à Jaeger et à sa femme des indemnités : on ne peut les leur refuser sans injustice; car depuis deux mois leur établissement est abandonné. Ils ont dû faire deux voyages à Berne, et dans ce moment un voyage à Paris : nous sommes donc bien modestes en ne réclamant que 3,000 fr. Cette indemnité n'est certainement pas proportionnée aux dommages; aussi, Messieurs les Députés, nous espérons qu'en raison de notre bon droit, vous voudrez bien appuyer nos réclamations auprès de MM. les ministres du Roi, sans perdre de vue également la demande, sous le n° 2, relative au besoin de revoir le traité de 1827.

Agréez, Messieurs, les respectueuses salutations de votre bien dévoué ,

BRESSON , professeur,
Chargé de faire et dire pour tous les Français qui habitent la Chaux-de-Fonds,

Demeurant à la Chaux-de-Fonds, ou à Paris, rue St.-Julien, n° 13.